NAPOLÉON III

LA POLOGNE

ET

ALFRED Ier D'ANGLETERRE

PARIS

IMPRIMERIE DE L. TINTERLIN ET Cᵉ

RUE NEUVE-DES-BONS-ENFANTS, 3.

NAPOLÉON III

LA POLOGNE

ET

ALFRED IER D'ANGLETERRE

PARIS

E. DENTU, LIBRAIRE-ÉDITEUR

PALAIS-ROYAL, GALERIE D'ORLÉANS, 13 ET 17

1862

Bien que la question de la Pologne n'ait jamais cessé d'être, pour l'Europe, une question à l'ordre du jour, cependant il semble que le moment le plus propre à attirer l'attention sur ce noble et malheureux pays, soit celui où ses nouvelles souffrances ont provoqué en France au Sénat, et en Angleterre dans la Chambre des Communes, de si sympathiques et si significatives interpellations.

NAPOLÉON III

LA POLOGNE

ET

ALFRED Iᵉʳ D'ANGLETERRE

Ce qui est différé n'est pas perdu.

I

Un des traits caractéristiques de notre époque, c'est le rôle important que jouent les brochures politiques.

Qu'est-ce que la brochure ? — Ce n'est pas une note diplomatique, ni un article politique, ni surtout une dissertation érudite ; la brochure, c'est le pendant en miniature du roman historique, c'est le roman politique.

Le roman interprète à sa façon les faits historiques, veut à toute force percer les ténèbres et déchirer le voile qui lui cache le passé ; la brochure s'efforce de débrouiller à sa manière l'énigme du présent et de résoudre le problème pendant de la politique du jour.

Le roman historique, personnifié dans Walter Scott, a rendu de grands services à la science, et c'est de son apparition que datent les historiens romantiques. La brochure politique, si elle trouve son Walter Scott, peut rendre de grands services à l'humanité : elle n'ambitionne ni plus ni moins que de changer la face du monde.

Les raisons du succès prodigieux qu'obtint le roman historique ont été, en leurs temps et lieu, suffisamment expliquées et sont bien connues ; mais d'où vient cette fécondité d'aujourd'hui, cette fiévreuse ardeur pour la brochure ? Y a-t-il à cela mille causes, ou n'y en a-t-il qu'une seule ? Oui, il n'y en a qu'une seule.

La France, depuis plus d'un siècle, a décidé de tous les mouvements de l'Europe, et elle a mis dans son action une passion, une ardeur, une sympathie généreuse pour les nobles causes qui l'ont souvent fait réussir en lui communiquant une impulsion irrésistible. De là cet appel que lui font sans cesse les peuples opprimés, comme à la maîtresse de leurs destinées. Aujourd'hui, sur le trône de cette même France, siége un puissant souverain à qui revient, du droit de l'intelligence et de l'habileté politique, la direction des affaires de l'Europe, et aussi la solution de tous les problèmes pendants de la politique moderne. Or, si on songe que la situation des affaires de l'Europe est très-embrouillée, que l'Empereur Napoléon aime à s'appuyer sur l'opinion publique, on comprend les efforts tentés de toutes parts pour résoudre l'énigme politique de nos jours et ce grand nombre de brochures dont notre époque est inondée, et qui presque toutes s'adressent à la France et à l'Empereur Napoléon III. Chacun veut apporter une solution.

II

On a fait la guerre d'Orient ; mais la fin de cette guerre, cette paix si prompte et si inattendue, le traité de Paris, n'est qu'une énigme.

Comment la France bonapartiste et l'Angleterre libérale, les Whigs étant au Foreing-Office, font la guerre au czarisme, et puis se laissent tromper par l'Autriche, subissent la morgue de la Prusse, compromettent la Suède et abandonnent la Pologne ! Ont-elles donc oublié ou méconnu l'importance de la Pologne dans la question de l'équilibre européen ? Paskiéwitz seul l'avait-il comprise lorsqu'il disait après le refus d'Olmütz : « Déployons le drapeau de « la nationalité polonaise, telle que l'a voulue l'empereur « Alexandre ; que deux cent mille hommes passent le Da- « núbe ; et moi je marcherai sur Vienne avec cent mille « hommes, formant mon arrière-garde de la Hongrie et « de la vieille Pologne ? » Le Czar refusa de suivre ce conseil. La haine implacable du nom polonais, le désir de se venger des sympathies pour la France, qui l'arrêtèrent dans sa marche projetée sur Paris en 1831, l'emportèrent sur toutes les autres considérations. — Disons en passant, pour répondre à la sortie anti-française de M. Proudhon, que sans cette sympathie mutuelle des deux nations l'une pour l'autre, la France et la Pologne, les Cosaques auraient peut-être encore une fois foulé à leurs pieds le sol sacré de sa patrie.

Exclure la question polonaise des conférences de Paris, sans réclamer la réinstallation de la République cracovienne, incorporée à l'Empire autrichien malgré les protestations de la France et de l'Angleterre, — ni le rétablissement de la constitution et de l'armée polonaise, avec des garanties en faveur de la nationalité polonaise dans les provinces démembrées, garanties stipulées par le congrès de Vienne, — c'était désavouer toutes les traditions bonapartistes, c'était même subir un affront.

La Pologne manquait-elle de représentants à Paris ? mais le prince Czartoryski n'était-il pas digne d'être admis dans les conférences officieusement, comme lord Cowley et le comte Cavour l'étaient officiellement ? Et le comte Walewski lui-même, n'était-il pas le représentant naturel de la Pologne, comme il en était autrefois le représentant officiel ? Son silence fit tressaillir de joie les Orléanistes et les Légitimistes, qui se berceront de l'espoir d'une restauration, tant que la coalition des co-partageants ne sera pas empalée sur le tronc de l'arbre de la liberté polonaise. Ils rirent sous cape en chuchotant le fameux mot de Talleyrand : « C'est pis qu'un crime, c'est une faute. »

L'Angleterre laissa commettre cette faute, par suite de sa vieille haine pour la France, en voyant que l'Europe avait plus d'ombrage de son alliée que de ses ennemis, et ne voulant pas pousser à bout ces derniers.—D'abord elle était résolue à continuer la guerre, et en cela elle ne visait pas seulement, comme on le prétendait, à l'anéantissement de la flotte de la Baltique ; car, si sa politique est avant tout commerciale, ce noble pays, une fois engagé dans une lutte, ne compte plus, et pousse la guerre avec la ténacité britannique si bien connue. Comment la France n'a-t-elle pas profité de cette disposition de son alliée, et est-elle restée indifférente à la possibilité toujours permanente d'une coalition compacte des trois puissances co-partageantes, qui possèdent un territoire non interrompu du détroit de Behring au Rhin et au delà du Rhin? L'éventualité toujours menaçante d'une telle coalition contre le progrès n'est-elle pas une épée de Damoclès suspendue éternellement sur la tête de la dynastie représentant le progrès? — Quoi qu'il en soit, l'Angleterre fit la paix, dans la fausse pensée que le czar, occupé de la Pologne, négligerait l'Orient. Aujourd'hui elle s'aperçoit du contraire : le czarisme dépensant à flots en Asie le sang des soldats polonais, soldats désespérés et par cela même invincibles, s'achemine à pas accélérés vers les possessions anglaises. Mais ce ne sera pas seulement un pur égoïsme politique, ce sera l'opinion publique, sympathique à la cause polonaise, et si puissante dans ce pays de la liberté, qui éveillera un jour le lion britannique.

Il est donc clair que la question polonaise est de la plus

haute importance pour les deux pays, et qu'elle doit être résolue par une combinaison utile à leurs intérêts particuliers et à ceux de l'alliance anglo-française, si nécessaire aux progrès de la civilisation et à l'avenir de l'humanité.

Que sur le trône de la Pologne restaurée s'établisse, par l'intervention de la France, la dynastie anglaise, qu'une nouvelle monarchie constitutionnelle s'élève contre la Russie, et tous les intérêts politiques qui s'agitent maintenant en Europe sont satisfaits. Cette combinaison, qui aurait l'avantage de cimenter à jamais l'alliance anglo-française, ouvre une si brillante perspective, qu'on est tenté de chercher les raisons des obstacles qui s'opposent à sa réalisation.

III

Napoléon III se donne de bon gré l'épithète de parvenu, « titre glorieux, dit-il, lorsqu'on parvient par le libre suf- « frage d'un grand peuple. » Cette épithète, jointe à son commentaire, est des plus flatteuses pour le peuple français, mais peut-être la manière dont il en comprend les obligations a-t-elle enchaîné sa volonté dans la conduite des affaires d'Orient et lui a-t-elle inspiré trop de modé-

ration aux conférences de Paris. « Quand, en face de la
« vieille Europe, ajoute-t-il, on est porté par la force d'un
« nouveau principe à la hauteur des anciennes dynasties... »
Mais d'abord le principe, c'est-à-dire celui de l'élection
populaire, n'est pas nouveau : il date de plus longtemps
que les autres ; c'est, au contraire, l'ancienneté des dynasties qui est réduite à compter à partir de son apparition,
parce qu'elle ne représente pas un principe, comme l'é-
lection populaire : elle n'est qu'accident, intrigue, inva-
sion, rarement mérite, et presque toujours usurpation.
S'il en était autrement, notre maître à tous, Jésus-Christ,
mis en parallèle avec Brahma, Vishnou, Siva, Confucius,
ne serait qu'un parvenu. C'est parce qu'il est d'origine cé-
leste, c'est parce qu'il est fils du vrai Dieu, que tous pâlis-
sent devant lui. C'est parce que vous, Napoléon III, vous
êtes issu du principe démocratique, le seul vrai, c'est parce
que vous êtes le neveu de Napoléon Ier, incarnation du
peuple, que tous ces fils du Soleil, ces frères de la Lune, qui
persécutent la véritable religion, doivent s'incliner devant
vous.

« La France, dit encore l'Empereur, par ses révolutions
« successives, s'est toujours brusquement séparée du reste
« de l'Europe ; tout gouvernement sensé doit chercher à
« la faire rentrer dans le giron des vieilles monarchies. »
— Sans doute, il n'entend pas donner à ces mots le sens
qu'y attachait Louis-Philippe, à Dieu ne plaise, puisqu'il
ajoute en même temps que « les alliances royales créent
« de fausses sécurités et substituent souvent l'intérêt de
« famille à l'intérêt national. » — Mais il y a le même

danger dans les alliances politiques avec les vieilles monarchies.

Cessez donc de briguer leur alliance sans espoir de les régénérer ; levez-vous comme le soleil avec les rayons de la lumière, et tous ces astres des ténèbres pâliront et disparaîtront devant vous ; quand bien même vous subiriez des éclipses, elles ne seraient que momentanées. Quelle comparaison peuvent soutenir avec un élu du peuple ces rois qui jettent de la poudre aux yeux des peuples avec leur phrase pompeuse : *par la grâce de Dieu?* Quelle interprétation croient-ils qu'on lui donne ?

Ce n'est pas l'onction sainte, mais la componction, qui pourrait vous réconcilier avec la Divinité suprême en haut et l'opinion publique en bas. Qu'importe que vous soyez oints par l'Église ; soyez justes d'abord. Restituez les lambeaux honteusement escamotés de la Pologne, nation noble par excellence, dont les chaînes coûteuses déshonorent et ruinent vos peuples ; cessez d'outrager, de tromper, d'exploiter, d'exproprier au lieu de pactiser avec les nations, et c'est alors, alors seulement, que vous pourrez espérer en la miséricorde divine, que vous serez rois *par la grâce de Dieu.*

Et non-seulement ils sont injustes, violents, oppresseurs, mais ils n'ont ni sagesse ni maturité. On s'est habitué à répéter à satiété : telle nation, tel peuple est mûr ; pourquoi ne dirait-on pas avec plus d'à-propos : telle dynastie, tel souverain est mûr? — La maison de Hanovre régnant en Angleterre, et surtout cette reine gracieuse, modèle des rois, dont tout homme sensible partage aujourd'hui le deuil ; la maison de Bragance au Brésil ; le défunt roi de Wurtemberg, Guillaume ; Léopold, roi des Belges, voilà des dynasties et des rois mûrs et sages ! Je ne cite pas Victor-Emmanuel, dont les actes sont à l'ordre du jour et parlent pour lui ; ni la Suède, plus heureuse et mieux régie par les Bernadotte que par ses extravagants de vieille roche.

Si l'empereur d'Autriche, le roi de Prusse et le czar étaient quelque peu proches de leur maturité philosophique et de leur sagesse politique, la somme d'avantages adjugée aux rois constitutionnels ne leur suffirait-elle pas ? ne se croiraient-ils pas obligés envers leurs peuples ? ne mettraient-ils pas leur devoir à les rendre heureux ?

Et d'abord, l'empereur d'Autriche n'aurait-il pas déjà justifié son avénement prématuré au trône ? Or, que dire de ses actes jusqu'à ce jour ? L'Europe n'a-t-elle pas frémi de ses exécutions aussi cruelles qu'impolitiques ? Tout le monde n'est-il pas fatigué de ses continuels va-et-vient soi-disant constitutionnels, pratiqués tout simplement dans le but d'extorquer des millions au peuple, avec le consentement des quasi-représentants des nationalités hétérogènes de son empire ? Toute sa politique intérieure se réduit à la chicane de la bureaucratie et à la maxime de Machiavel : *Diviser pour régner*, introduites au sein du Parlement par des agents malhabiles vivant d'expédients au jour le jour, et couvrant de ridicule toute cette comédie, qui tôt ou tard tournera en tragédie.

Et le roi de Prusse n'entrerait-il pas franchement dans les voies constitutionnelles, au lieu de vivre comme il le

fait au milieu des luttes avec son peuple et de lui esca-
moter éternellement ses libertés ? Tolèrerait-il la duplicité
du Parlement de Francfort ? Souffrirait-il ce refus aussi
impolitique qu'inhumain aux légitimes réclamations des
Polonais? Non, assurément. Ne mettrait-il pas son bonheur
à leur rendre justice ? Laisserait-il impunis ces criminels
et ridicules guet-apens des inventeurs de conspiration en
Posnanie? Ne réprimerait-il pas ce rire éhonté, opposé
systématiquement, par les ci-devant libéraux de la Chambre
prussienne, aux éloquentes interpellations du nonce Nie-
golewski ?

Enfin le Czar, réduit à faire du bruit à propos de la dé-
monstration des Autrichiens à Suttorina, pour donner le
change à l'attention publique en élevant cette ridicule pro-
menade à la hauteur d'une intervention, et tourmenté par
la crainte d'une intervention plus imposante, plus iné-
vitable en Pologne, ne ressemble-t-il pas à un débauché
ruiné prêchant la continence? Il avait un beau rôle à jouer,
qu'a-t-il fait de sa position? Monter sur le trône après
Nicolas, c'était une faveur du sort, comment y a-t-il ré-
pondu ?

Alexandre, faible de caractère, mais bon de cœur et doux
par tempérament, ayant pour compagne une princesse
douce et vertueuse, humaine et charitable, aurait pu, et
il l'a voulu, devenir un souverain béni et aimé. A son avénement il renvoya les ministres détestés et vénals de son
père, et eut le bonheur de se tirer à très-peu de frais de la
guerre d'Orient. C'était bien débuter ; mais sa faiblesse fit
échouer ses tentatives de réforme. Voyant l'édifice du des-

potisme chanceler, au lieu de se déterminer à le rebâtir de fond en comble, tiraillé par son frère, par son entourage d'Allemands et de francophobes, par l'opinion publique, il s'arrêta au plan de le soutenir par un mur d'escarpe ; il se borna à l'émancipation des paysans. Mais comme toutes les classes de la société en Russie ne sont, aux termes de la loi, en face du czar, que des esclaves, et que cette mesure n'offrait aux nobles, en échange de leur omnipotence subalterne perdue, que la perspective de la ruine, il se forma au sein de la noblesse une vive opposition et des prétentions à l'émancipation politique, qu'on avait cru étouffer par celle des paysans ; et de cette manière on a réussi à mécontenter tout le monde.

Cette fausse mesure a produit des germes qui, joints à ceux de la semence de 1825, minent et soulèvent cette surface moisie. Les tendances séparatistes bien prononcées de la Petite-Russie, la haine mutuelle que se portent les différentes sectes dont le pays fourmille, l'état des finances où n'existe aucun contrôle et que menace la banqueroute, la proximité des provinces polonaises en fermentation, toutes ces causes réunies ont contribué à jeter la Russie proprement dite dans un état voisin d'une débâcle générale.

Mais ce qui fait surtout craquer dans toute sa membrure cette machine grossièrement construite, ce vaisseau en détresse, ce sont les échos des sons de la cloche d'outre-mer, tantôt lents, tantôt rapides, toujours encourageants, souvent menaçants et lugubres, qu'agite au sein de la libre Angleterre, la main athlétique de Herzen, cet Iskander mystique, cet homme providentiel. C'est cette cloche

2

retentissante comme un clairon, qui semble sonner le glas des funérailles aux oreilles du Czar et de ses courtisans, et galvanise l'armée et la jeunesse intelligente du noble peuple russe — de ce peuple, qui a su incendier sa propre capitale, berceau chéri de sa nationalité, pour se soustraire à la domination française, et qui saura avec la torche ou le flambeau de la civilisation, réduire en cendres ou éclairer l'autre capitale, Pétersbourg, arsenal abhorré où se forgent ses chaînes, pour se soustraire à la tutelle humiliante des Russo-Allemands.

Car ce sont les descendants des aventuriers allemands, gens sans aveu et sans patrie, parlant la langue allemande et domiciliés sur les bords de la Baltique, qui tiennent depuis plus d'un siècle la Russie en tutelle. Ce sont eux qui créent des prétextes de désordres pour avoir le droit de chasser la jeunesse des académies et des Universités, afin de tenir ainsi la génération patriote dans l'éloignement du gouvernement et dans l'ignorance ; mais qu'ils tremblent, et qu'ils sachent que, comme de toutes les offenses, de toutes les injures, l'humiliation est la plus blessante, c'est elle aussi qui est la plus vivement sentie et la plus cruellement vengée.

Finissons en ajoutant que le journal clandestin, mais à jamais mémorable, *le Grand-Russien*, a donné le dernier coup de grâce au czarisme agonisant, en le dépouillant de son dernier prestige, le prestige de la conquête. Il a montré que la Russie ne doit pas songer à s'agrandir, que la conquête est un obstacle au progrès, qu'elle ruine en la dépeuplant la mère-patrie, perpétue le règne de l'iniquité, et n'est profitable, après tout, qu'au pouvoir, en fascinant les peuples.

Cet état de choses durera-t-il encore longtemps en Russie? Tant que le czarisme s'obstinera à garder les Allemands. Et si les patriotes russes n'y avisent pas, il conduira l'Empire à un cataclysme politique terrible.

VI

Mais il est temps de revenir à la France. Jefferson a dit quelque part avec vérité : « Tout homme a deux patries, « la France et la sienne. » J'en parlerai donc comme si elle était ma propre patrie.

La France est un pays exceptionnel, travaillé par un incurable besoin de nouveauté pour les personnes comme pour les choses. Aussi tout pouvoir a-t-il fatalement à craindre, si habile qu'il soit, la lassitude des esprits. et l'opinion publique est-elle toujours prête à applaudir à tout ce qui contrarie la marche du gouvernement. De plus, il est tiraillé par les partis : les légitimistes, les orléanistes, les républicains de toute nuance y briguent le pouvoir. — Et à côté d'eux il faut placer un parti neutre, ami et ennemi de tous, qui voudrait arriver en profitant des dissensions et coûte que coûte, — ce qui le fait marcher, ce n'est ni l'amour de la patrie ou de la gloire, ni celui de la liberté, c'est l'égoïsme, le désir de faire du bruit et de s'emparer un jour ou l'autre du marteau démolisseur.

Malgré cet état de choses, incompréhensible au premier abord dans un pays avancé et compact autant et plus que tout autre pays de l'Europe, Napoléon III marche toujours dans une voie de progrès graduel. Il avance doucement, il est vrai, parce qu'il voudrait comme apprivoiser le pays avec la pratique d'une liberté saine et raisonnable. Il voudrait faire pénétrer dans l'organisme, dans la constitution de la France, des habitudes et comme un nouveau tempérament qui lui permissent d'en faire un bon usage. Déjà plusieurs fois il a été obligé de s'arrêter, de rebrousser chemin ; mais il avance toujours et reprend sa marche dès que l'état des esprits le lui permet.

Mais, sous peine de tâtonner éternellement et même de rétrograder, il semble que la liberté de la presse doive le suive comme un satellite dans ce labeur louable mais pénible, autrement l'idée du progrès graduel ne serait qu'une chimère, et la dynastie napoléonienne ne pourrait s'appuyer sur la véritable majorité du pays.

Après tant de gages donnés à la nation, après et malgré tant de mesures et de lois restrictives appliquées à la presse, comment se fait-il qu'un gouvernement entièrement probe et honnête, essentiellement national, prêt à se dépouiller du surplus de ses droits au profit de la représentation nationale et pour obéir aux exigences du temps, n'ait pas réussi jusqu'à ce jour à trouver un expédient conciliateur ?

Peut-être pourrai-je dire au gouvernement :

Vous avez eu des brochuristes officiels, ayez des polémistes officiels? Instituez ou ajoutez au *Moniteur* un journal politico polémique ; ordonnez que les articles politiques de quelque couleur et de quelque force qu'ils soient, soient admis à la rédaction sans la responsabilié de l'auteur, mais à condition de ne paraître qu'au fur et à mesure, jour par jour, avec recension approbative ou réfutation, insérée dans une colonne parallèlement, Pour les articles interpellatoires, appliquez la méthode admise dans le Parlement anglais pour les interpellations de vive voix. Enfin, enjoignez comme condition à tous les journaux de l'Empire, de réimprimer ces discussions polémiques à titre de supplément.

Vous aurez ainsi ce que vous désirez ; vous satisferez la majorité ; vous fermerez la bouche aux malveillants, parce que tout le monde, sans exception, sera instruit et sera persuadé que vos intentions sont excellentes ; et, par dessus le marché, vous serez satisfait vous-même, parce qu'il vous sera loisible de travailler au bonheur de la France sans inquiétude et sans l'emploi de mesures coërcitives dont l'usage est humiliant pour les deux partis, sans amener finalement d'autre résultat que le provisoire ; — car, s'il est vrai qu'il vaut mieux prévenir que guérir, il est encore plus vrai que « brûler n'est pas répondre. » Je le répète encore une fois, vous serez satisfait vous-même, parce que vous aimez la France.

V

La France, ce noble pays de braves, a maintes fois envoyé ses soldats au secours des opprimés ; c'était aussi le prétexte de la campagne d'Orient, dont nous avons dit ailleurs quel pouvait, quel devait être le résultat. La question polonaise oubliée, l'action de la politique française s'en ressentit immédiatement à l'intérieur et à l'extérieur. Car ni la dynastie napoléonienne ni la France n'exécuteront jamais rien de grand en Europe tant que la Pologne ne sera pas rétablie. Oui, la restauration de la Pologne est une question vitale pour toutes les deux ; autrement, elles seront destinées à tenter toujours, et toujours leur action sera incomplète, ce qui revient à un échec.

Or, on a abandonné, provisoirement du moins, cette question, quand il semblait que le moment était venu où la France pouvait s'en occuper. De là s'était établie dans quelques esprits impatients, la conviction qu'on ne voulait ni pour la Pologne ni pour aucun pays d'une restauration ; et on a attenté aux jours de l'Empereur, et c'en était presque fait de la dynastie napoléonienne ; et la France retombait dans le chaos ; et l'Europe était en retard d'un siècle. De plus, il a fallu faire la campagne d'Italie. Si la guerre d'Orient eût amené la restauration de la Pologne, l'Italie serait devenue libre sans l'intervention de la France ; l'Autriche, la Russie, et différents États européens auraient subi une métamorphose salutaire ; tandis que la paix de Villafranca, achetée au prix d'une guerre coûteuse en hommes et en argent, sans donner à l'Italie une indépendance complète, a laissé pendante la question polonaise.

VI

Admettons cependant qu'il est plus facile de former le projet que de l'exécuter, ce qui ne souffre pas de contestation. — Si le traité de Paris eût rétabli la République cracovienne et la Constitution polonaise, si le simulacre seulement de l'armée polonaise eût existé à Varsovie, vous eussiez pu marcher droit jusqu'aux bords de l'Adriatique, sans vous inquiéter le moins du monde de la mobilisation prussienne ni de la coalition. — Si les Autrichiens eussent été forcés d'évacuer toute l'Italie, comme ils le seront un jour ou l'autre, la question romaine n'aurait pas compliqué les embarras de la politique française, et pour défendre le patrimoine de saint Pierre vous n'eussiez pas eu besoin de mettre à l'épreuve la patience italienne. Il aurait suffi d'un seul mot. Vous leur auriez dit : « Malgré et après tout, « gardez-vous bien de toucher à cette arche d'alliance. « Tous ceux qui vous ont précédés, sans en excepter les

« Autrichiens, ont su respecter la République de Saint-Ma-
« rin, pourquoi vous, libres et heureux, attenteriez-vous à
« cette république théocratique, le palladium de la chré-
« tienté? » Vous auriez démontré aux Italiens qu'avec les
chemins de fer et le télégraphe électrique, le centre du
gouvernement peut bien être ailleurs qu'au centre du pays,
et cela sans nul inconvénient; — et aux villes italiennes,
qu'elles ne devaient pas se disputer le droit abandonné par
Rome, de donner une capitale à l'Italie, sans nuire à leur
réputation de sagesse, en même temps que leurs prétentions rivales seraient d'un triste présage pour la durée de
leur union, puissante et unique garantie de leur indépendance. Le Pape, alors, au centre de l'Italie libre, libre lui-
même, oubliant ses pertes sans en oublier les causes, aurait fait tous ses efforts pour conserver le reste.

Mais Venise, restée aux Autrichiens malgré les promesses
de délivrance faites par la France, a été le piédestal de
la popularité du général Garibaldi, déjà alors si bien mé-
ritée, mais aujourd'hui seulement justifiée et même sur-
passée, et il s'en est servi pour réaliser un désir qui lui est
cher. Le brave capitaine, qui n'a pas oublié le siége de
Rome par les Français, veut rentrer en soldat triomphant
dans la Ville éternelle, et montre aux Italiens Rome et
Venise comme le but suprême auquel ils doivent tendre.
Sa voix est de plus en plus écoutée par les Italiens, et celle
de la France de moins en moins. De là de graves compli-
cations pour le présent comme pour l'avenir.

VII

De l'Italie qui sort triomphante de ses catacombes, passons aux catacombes de la Pologne, que recouvre aujourd'hui un immense linceul. O Jésus, c'est au dix-neuvième siècle de ton ère, et au centre de la chrétienté, que tes temples sont profanés, tes lévites martyrisés, tes fidèles délaissés par ton vicaire, foulés aux pieds ! La fin du monde est-elle donc si proche! Mais détournons les yeux de ces horreurs, et prêchons la croisade.

C'est en France, par la bouche d'un Français et dans cette même langue française, que la première croisade fut prêchée. Ainsi ferai-je comme Pierre l'Ermite et dirai-je :

« Français, les Mongols ravagent la Pologne, les Basch-
« kirs et les Cosaques enlèvent du berceau les enfants de
« la liberté. Et vous, Sire, qui êtes la personnification de
« la France, laisserez-vous fouler aux pieds ce peuple dé-
« sarmé, serez-vous sourd aux cris de détresse d'une nation
« qui a répandu son sang à flots en défendant la France
« envahie par ces mêmes Baschkirs et Cosaques, et son
« héros en détresse. Ah! s'il en devait être ainsi, l'esprit
« du grand Empereur cesserait de vous inspirer, il déserte-

« rait vos conseils et vous abandonnerait dans l'action. »

Vous avez reculé le moment de la délivrance ; mais *ce qui est différé n'est pas perdu*, et jamais l'instant n'a été plus propice, grâce à votre temporisation calculée. Faites aujourd'hui appel à un congrès européen, et si les usurpateurs s'y refusent, l'Europe partagée en deux camps, les Bonaparté, les Malaparté, verra accourir à notre secours tout ce qu'elle compte d'hommes vaillants, de chevaliers sans peur et sans reproche. A nous les preux de Richard Cœur-de-Lion ! A nous les légionnaires de l'honneur ! A nous la victoire ! Le temps est venu de faire payer aux geôliers la rançon de leurs crimes.

Jamais aussi la Pologne ne fut plus digne de sympathie ; jamais encore elle n'était parvenue à un tel degré de maturité. Jamais elle n'a mieux prouvé qu'elle a droit à la liberté et à l'indépendance. Toutes les rivalités, toutes les distinctions de rangs, de castes, de croyances, sont effacées sans que des idées subversives y aient contribué : l'amour de la patrie et la haine du joug étranger ont seuls tout fait. Élever l'esprit aux dépens de la matière, se sacrifier pour le salut des autres, viser toujours à un noble but, renier toute individualité, lutter contre la force brutale, la plaindre et lui pardonner, encourager et concilier toujours, voilà sa confession de foi.

Le clergé et les croyants catholiques, protestants, juifs, tous enfants d'un seul Dieu, d'une seule mère chérie, leur terre natale, réunis dans une seule étreinte, ne se sépareront plus qu'à la mort. Point de pacte avec le czarisme, point d'institutions libérales octroyées par les Russes, point d'amnistie générale, pas plus que d'état de siége (1) et d'arbitraire, voilà leur mot de ralliement.

Quant aux possessions nécessaires à leur avenir, c'est le vaste espace couvert aujourd'hui de deuil qu'occupent le puissances co-partageantes. Comme ils auront une dette sacrée à acquitter, ils ont besoin de débouchés pour leurs

(1) L'ukase de la mise en état de siége a été imaginé dans le double but de faire illusion à l'Europe, puisqu'il existe en permanence dans le royaume de Pologne, dans les provinces démembrées, et d'animer les troupes contre les Polonais en les rendant plus farouches et plus sanguinaires par leur contact avec des hordes sauvages introduites avec elles dans le pays, et par l'appât du pillage promis à leur cupidité. Puis, après les avoir fanatisées, après avoir surexcité en elles ces nobles instincts qu'ils croient indispensables pour qu'elles retrouvent leur aplomb perdu, les autocrates de Russie les lanceront avec leurs alliés les Pandours, sur l'Occident, où ils auront la tâche sacrée de rétablir les princes légitimes en France, en Italie, et le despotisme partout.

Les soldats se prêteront à contre-cœur, il est vrai, à cette jacquerie monarchique ; mais le corps des officiers, vrais représentants de l'armée nationale, n'est pas atteint de fureur czarienne ; Herzen leur a appliqué un préservatif et l'honneur national leur a inspiré un remède héroïque. Si un Roinov ou quelque autre rebut de la société souille le nom d'officier russe, ils ont suffisamment lavé cette honte par le suicide et l'insubordination. Ceux qui furent traduits devant des Cours martiales ne se rétractèrent pas et opposèrent au reproche de lâcheté leurs sentiments d'humanité et d'honneur militaire. Ils moururent fusillés, mais non déshonorés. Aussi les Polonais plaignaient-ils les soldats en honorant les officiers.

C'est presque la même histoire dans la hiérarchie bureaucratique. Ce sont les Allemands et leurs méprisables subalternes qui font pitié ; mais ni les nobles Russes, à quelques exceptions près, ni les élèves de l'école de Droit, vrais représentants du pays, ne sont souillés. Leur position est fausse, quoique moins embrouillée depuis l'apparition du *Grand-Russien*. Aussi sont-ils appréciés par les Polonais. Le manque de tact ou l'ignorance du véritable état des choses du côté des organes amis de la Pologne, le stratagème de ses faux frères, comme on en trouve parmi les publicistes soldés, livrent les Russes à la vindicte publique, et nourrissent des haines réciproques entre les Polonais et les Russes. Mais la Pologne tendrait volontiers la main à sa sœur du Nord, loin de la haïr ; elle n'a de haine que pour les Russo-Allemands et le czarisme.

Encore un mot, et tout sera dit. Le czarisme ne manquerait pas, pour parer à toute éventualité, de recourir à sa dernière ressource, de tenter l'Angleterre par l'appât d'un traité de commerce favorable à ses intérêts commerciaux. Anglais, ne vous laissez pas fasciner, vous êtes assez riches. Un tel traité ne durerait pas et serait pire que la traite des nègres que vous avez abolie.

produits, et l'embouchure des grands fleuves polonais leur est absolument nécessaire.

Le luxe a disparu de cette belle contrée et ne renaîtra plus. Le travail intelligent et assidu appliqué à un sol exceptionnellement fertile les mettra à même de faire face à toutes les dépenses d'un gouvernement nouveau et d'un pays renaissant. Ils s'imposeront une dîme proportionnelle aux fortunes, et dussent-ils eux et leurs femmes admirables de beauté, d'abnégation et d'héroïsme, changer leurs vêtements de fêtes contre des habits de bure, ils feront honneur à leurs engagements. Ils ne mendieront pas, ils emprunteront; les terres des nobles, propriétaires de presque toutes les propriétés foncières, et les comptoirs de leurs compatriotes, les banquiers israélites, serviront d'hypothèques.

Ils ne sont pas utopistes; ce qu'ils veulent pour la forme de leur gouvernement c'est la monarchie constitutionnelle, la liberté de conscience et les cultes mis sur le pied de l'égalité, l'égalité devant la loi pleine et entière, la garantie des propriétés.

VIII

Reste le choix à faire d'une dynastie. Les Polonais savent que les peuples insouciants paient tôt ou tard de leur sang telle ou telle mauvaise combinaison. La maison royale de Saxe a perdu depuis une vingtaine d'années toutes les chances d'avancement au trône de Pologne. Car si Auguste Ier s'est déshonoré en livrant lâchement le malheureux Patkul, ses successeurs n'eurent pas de répugnance à suivre son exemple en livrant Bakounin et Teleky. Bakounin se sauva miraculeusement du fond de la Sibérie ; Teleky monta au ciel. Ce ne sont donc pas les princes saxons qui, couverts d'une honte éternelle, monteront sur le trône d'une noble nation.

Un Bonaparte, le prince Napoléon surtout, leur irait droit au cœur ; mais ils savent trop bien qu'un tel choix est impossible.

Aussi, après mûre réflexion, leurs yeux et leurs vœux se sont-ils fixés sur la maison de Hanovre-Cobourg, dans la personne du prince Alfred d'Angleterre, le second fils de la reine Victoria. L'âge de ce jeune prince lui rendrait facile l'étude de la langue de Miczkiewicz. La différence de religion ne serait pas pour les Polonais un obstacle ; car, loin d'être fanatiques, ils sont tolérants par principes comme par caractère. Sous la direction de leur clergé, ils ne cesseront pas d'être bons et fervents catholiques, et la différence de religion chez le jeune prince servirait de garantie aux dissidents polonais.

Ciel ! quelle admirable page dans l'histoire de l'Empire français ! Napoléon III prenant par la main le jeune Alfred d'Angleterre, le conduisant de marche en marche sur le trône des Jagellons, venge Waterloo, et, avec une courtoisie toute française, offre la couronne de Pologne aux whigs en échange de la couronne d'épines tressée à Sainte-Hélène par les Tories.

Quelle gloire immense et quel avenir rassurant pour les deux pays, pour l'Europe et pour l'humanité, et quel bonheur pour la Pologne de cimenter ainsi l'alliance anglo-française, si indispensable au progrès et à la civilisation du monde entier.

Au nom donc de votre glorieuse immortalité, au nom de l'avenir splendide de votre dynastie et de la France, au nom de la religion et de l'humanité, Sire, n'hésitez plus, déchirez le voile et répétez encore une fois votre admirable allocution aux soldats de Syrie : « Allez et sachez que « partout où vous irez une grande idée vous précède et « qu'une grande nation vous suit, » et l'Europe civilisée vous répondra par la voix de cent millions d'hommes : Vive l'Empereur !

Écrit à Saint-Pétersbourg, le 25 janvier (6 février) 1862.

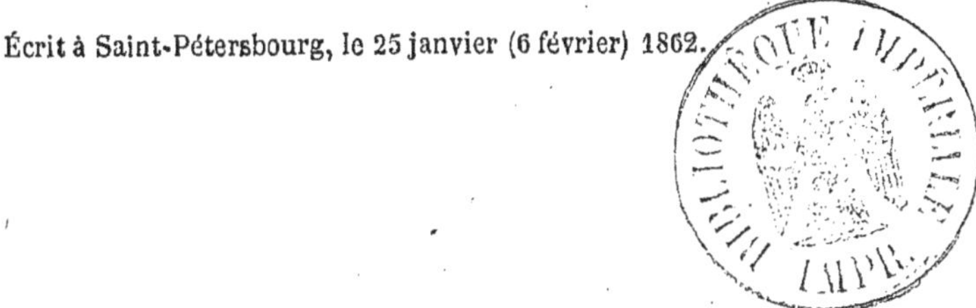

FIN